www.ingramcontent.com/pod-product-compliance
Lightning Source LLC
Chambersburg PA
CBHW070420220526
45466CB00004B/1481
* 9 7 8 1 6 9 2 0 7 0 2 6 7 *